Mi abuelita y yo

por Belén Garrido
ilustrado por Mylène Menry

Harcourt

Orlando   Boston   Dallas   Chicago   San Diego

Visita *The Learning Site*
www.harcourtschool.com

Dentro de dos días conoceré a mi abuelita. ¿No es formidable?

Mi abuelita vive en un país lejano. Volamos sobre la isla. Mi mamá y yo tardamos mucho tiempo en llegar hasta aquí.

Ahora hay que viajar en autobús.
Tengo sueño. Daría cualquier
cosa por estar ya en casa de
mi abuelita.

Todavía tenemos que subir la colina. Mi abuelita nos espera frente a la casa. Parece muy amable.

Por la mañana, mi abuelita y yo damos de comer a las gallinas. ¡Qué hambre tienen los pollitos!

Luego mi abuelita y yo salimos a recoger manzanas. Yo me como una manzana muy sabrosa.

Mi abuelita y yo vamos a cocinar una sopa para comer. Primero habrá que lavar las verduras.

Mi abuelita y yo compartimos la sopa con mi mamá. Mi abuelita acostumbra a comer en el porche.

Mi mamá, mi abuelita y yo bajamos a la ciudad. La brisa hace volar las cometas que vemos por el camino.

Los niños montan en bicicleta frente a la escuela. Parecen simpáticos. Me gustaría jugar con ellos.

—¿Por qué vives tan lejos? —le pregunté a mi abuelita.
—Aquí está mi casa —me contestó—. Y mi casa siempre será tu casa.